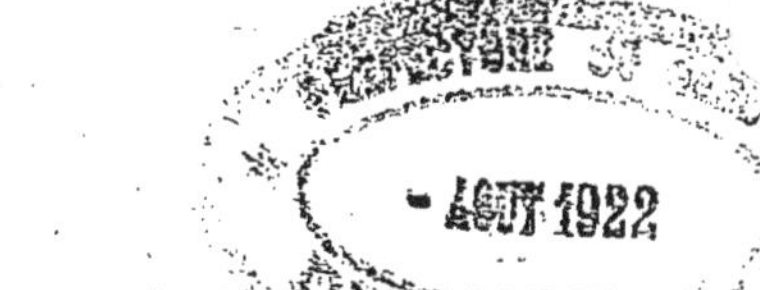

# DE L'INFLUENCE
# DU BOUDDHISME
# SUR LA FIGURATION
# DES ENFERS MÉDIÉVAUX

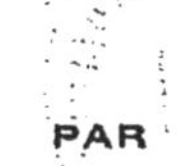

PAR

PAUL GENDRONNEAU

Membre du Comité de l'Art Chrétien de Nimes
et de la Commission Municipale d'Archéologie

NIMES
IMPRIMERIE GÉNÉRALE (P. GELLION & BANDINI)
21, RUE DE LA MADELEINE, 21

1922

# DE L'INFLUENCE
# DU BOUDDHISME
# SUR LA FIGURATION
# DES ENFERS MÉDIÉVAUX

PAR

PAUL GENDRONNEAU

Membre du Comité de l'Art Chrétien de Nimes
et de la Commission Municipale d'Archéologie

NIMES
IMPRIMERIE GÉNÉRALE (P. GELLION & BANDINI)
21, RUE DE LA MADELEINE, 21

1922

# La Figuration de l'Enfer dans les Pagodes du Tonkin et dans les Eglises du Moyen âge

## INTRODUCTION



Il y a quelque trente ans, le promeneur qu'attiraient les vertes frondaisons de la banlieue d'Hanoï pouvait voir, près de la route de Hué, à la sortie de la ville, une pagode vétuste, maintenant démolie, dont les murs et le toit disparaissaient sous la végétation puissante des bananiers et des bambous : c'était la *pagode des supplices*, ainsi nommée parce que ses parois étaient recouvertes, à l'intérieur, de bas-reliefs en stuc, reproduisant, avec la fertilité d'invention des races d'Extrême-Orient, les châtiments que le Bouddha réserve à ceux qui transgressent sa loi.

Dans le jour indécis qui filtrait à grand'peine à travers le feuillage touffu, on ne distinguait qu'un mélange confus de formes vaguement humaines, de visages grimaçants, de machines étranges; mais, à la lueur de la bougie vacillante qu'allumait le bonze gardien, les divers tableaux se dégageaient, se précisaient avec leur caractère de cruauté raffinée, qu'exagérait encore l'inexpérience des artistes jaunes qui avaient modelé les patients et les bourreaux. On avait sous les yeux une page, effrayante de réalisme, de la vie religieuse annamite, et une page qui faisait involontairement songer aux scènes qui se déroulent aux portails ou dans les fresques et verrières de nos vieilles églises gothiques.

Faut-il voir dans ces œuvres, si éloignées les unes des autres dans le temps et dans l'espace, une simple et curieuse coïncidence, née de l'analogie des situations et des idées ou doit-on, plutôt, y chercher des rapports de parenté résultant d'une commune origine? C'est la question qui monte aux lèvres du voyageur surpris, question qui n'a pas été, que nous sachions, posée encore dans les milieux archéologiques ou religieux. Il y aurait, cependant, un intérêt réel, au point de vue de l'art chrétien, à ce qu'elle fut examinée et résolue et c'est pour en provoquer la discussion que nous hasardons cette trop superficielle étude, en nous excusant d'ouvrir un débat où nous ne pouvons apporter qu'une parole insuffisamment autorisée.

Nous eussions même hésité longtemps à affronter la controverse sans les bienveillants encouragements de notre camarade et ami, M. le Commandant Espérandieu, Membre de l'Institut, qui, par surcroît, a bien voulu se charger, et nous l'en remercions, de relire les épreuves de cette notice.

---

## CHAPITRE I

# Les Enfers des Pagodes

Dans les législations humaines, la loi n'a qu'une sanction : la punition ; les lois divines en ont deux : un châtiment pour les coupables, une récompense pour les vertueux ; l'enfer pour les uns, le paradis pour les autres. Et de la sorte, l'homme est partagé entre deux mobiles : la crainte et l'amour ; la crainte de l'enfer, l'amour, l'espoir du paradis.

Les prêtres, dont la psychologie est rarement en défaut, ont su, d'après les milieux et les temps, faire appel à l'une ou à l'autre. En Indo-Chine, comme en France au Moyen âge, il semble que ce soit à la crainte qu'ils se sont adressés de préférence, car ils estimaient, sans doute, qu'avec les natures frustes qui les entouraient les souffrances physiques, les spectacles de torture impressionneraient plus fortement les masses que les scènes d'extase ou de béatitude, trop au-dessus de la faible intellectualité des fidèles — et beaucoup plus difficiles à rendre plastiquement.

Et alors, comme s'ils avaient, les uns et les autres, connu cette parole de saint Jean-Chrysostome : *« Si quelqu'un revenait de chez les morts, tous ses récits seraient crus »*, ils ont exploité les légendes, les traditions sur l'enfer existant dans leurs religions respectives et matérialisé par l'image aux murs des pagodes, aux portails des basiliques les pieux récits de leurs hagiographes.

Nul doute que cet enseignement pratique, que cette sorte de prédication permanente à la portée de tous, des illettrés comme des savants, ne dût, en son temps, faire naître un effroi salutaire en l'âme de ces populations croyantes que hantait surtout la crainte de l'au-delà. Il n'en est plus de même aujourd'hui en l'un et l'autre pays et l'on est amené à se rappeler ce mot de Cicéron, parlant des Enfers de son temps : *« Qu'on ne trouverait pas dans Rome une vieille femme assez radoteuse pour s'effrayer encore du Tartare»* .

*
* *

La conception bouddhique des enfers diffère de la conception catholique sur deux points principaux : *ils ne sont pas éternels*, ce qui les apparente, en fait, à notre purgatoire ; *ils sont multiples*, chacun d'eux semblant assigné à l'expiation d'une catégorie déterminée de fautes.

Autant qu'on puisse s'y reconnaître à travers les versions différentes des auteurs, l'enfer annamite se composerait de dix grands enfers, dont huit seraient, à leur tour, subdivisés en seize petits.

L'éternité des peines est contraire à la doctrine du Bouddha ; toutefois, la durée du séjour aux enfers atteint des chiffres stupéfiants pour une imagination européenne ; elle serait d'au moins seize cents millions d'années, pendant lesquelles les âmes sont incessamment tourmentées, déchirées, broyées, brûlées. (*Chantepie de la Saussaye*, *Manuel des Religions*).

Heureusement pour elles que l'intercession est admise chez les bouddhistes comme chez les catholiques et que des offrandes aux Juges infernaux peuvent abréger la durée du séjour, comme chez nous les prières hâtent la délivrance des âmes du purgatoire. Nous trouverons, en étudiant les œuvres plastiques, des témoignages de cette intercession.

La propagande bouddhique est assez peu active de nos jours au Tonkin. Elle s'y exerce de deux manières : par une sorte d'enseignement fixe institué dans quelques pagodes choisies, sous forme de bas-reliefs reproduisant les supplices de l'enfer ; par une action à domicile des bonzes, qui vont plaçant sous les yeux des fidèles trop indifférents des pancartes ou tableaux dont ces mêmes supplices constituent le sujet.

Ces compositions, également tourmentées, ont une origine strictement religieuse et l'art laïque n'y entre pour aucune part. A vrai dire, jusqu'à nos jours, il n'y avait pas, à proprement parler, d'art laïque.

« La première règle de l'art, a-t-on dit, est le rite écrit et la traduction des usages sacrés. L'obéissance aux livres saints et à leurs méthodes demeure une obligation étroite et il n'est point permis de plier l'art au goût des artistes ou au caprice des consommateurs. Et l'antique coutume d'il y a trois mille ans est restée, durant toute l'existence politique de l'Annam, la charte universelle et infrangible de l'art. » (*De Pouvourville, l'Art indo-chinois*).

Ainsi, un point est acquis, que nous retrouverons en France au Moyen âge : la subordination de l'art au dogme, de l'artiste au prêtre.

Mais, ce dogme bouddhique, il faut, maintenant, l'interroger, afin qu'il livre le thème sur lequel ont travaillé pendant des siècles les modeleurs annamites, qu'il nous montre à quelles sources ils ont puisé, quels textes ils ont traduits. L'enquête ne va pas sans quelque difficulté, car la littérature bouddhique est innombrable, tant du fait propre des auteurs que des confusions que la question fait naître selon la région où on la pose.

Le bouddhisme est, en effet, partagé en deux grandes Eglises : celle du nord, avec le Népaul, le Thibet, l'Indo-Chine, la Chine et le Japon ; celle du sud, avec Ceylan, la Birmanie et le Siam, et chacune d'elles a son canon particulier, cause perpétuelle d'erreurs pour les indianistes insuffisamment avertis — et pour ceux qui les suivent.

D'autre part, « dans l'Inde même, les textes bouddhiques subissaient de siècle en siècle des destinées toujours nouvelles et les souvenirs primitifs allaient se perdant de plus en plus sous la poésie et l'extravagance visionnaire des générations postérieures. » (*Oldenberg, Le Bouddha*).

Ainsi que le Christ, le Bouddha n'écrivit jamais rien. « Toute son action, dit un de ses commentateurs, s'est exercée en paroles. » Son enseignement, distribué dans ses conversations journalières avec ses disciples, fut, après sa mort, recueilli par eux et consigné dans des récits, les *Soûtras*, qui le reproduisirent avec une fidélité plus ou moins grande. N'est-ce pas aussi ce que l'on a dit des Evangiles ?

De ces *Soûtras*, seuls nous intéressent ceux qui nous renseignent sur l'Enfer et encore, ne citerons-nous de chacun d'eux que les passages les plus significatifs.

Voici un premier extrait :

« Un jour, dit le Bouddha à ses disciples, j'arrive à une ville de feu à triple enceinte, dont les portes se referment sur moi : C'est l'Enfer. J'y vois, d'abord, un homme consumé par les flammes pour avoir brûlé une forêt et tous les êtres qui l'habitaient ; un autre, rongeant une colonne de fer rouge pour avoir enlevé des effets aux membres de sa confrérie ; deux femmes affamées se mordant les genoux pour avoir refusé de la nourriture à des indigents ; un malheureux déchiré par le bec de l'oiseau Garouda pour avoir pris les femmes d'autrui ; une femme adultère dont les chiens mangent les fesses avec des dents de fer ; un monstre horrible avec un ventre immense et une bouche étroite comme le trou d'une aiguille : c'était un homme puni pour son égoïsme et sa parcimonie dans ses dons ; après lui, c'est un géant sur la tête duquel repose une roue chauffée au rouge blanc ; le pus et le sang qui découlent de sa tête forment sa nourriture : c'était un homme qui avait offensé sa mère. » (*Lamairesse, La Vie du Bouddha*).

Le *Soûtra* dit de Némi continue la description de l'Enfer : « On y rencontre une mer large et profonde aux tourbillons effrayants et qui paraît comme un lac de feu ; sur ses bords, se tiennent les ministres infernaux avec toutes sortes d'armes ; ils perçent, taillent les infortunés qui cherchent à sortir des flots dévorants, les repoussent violemment sur mille dards qui les pénètrent et les reprennent ensuite pour les faire rôtir sur des charbons ardents : ce sont les oppresseurs des faibles et les persécuteurs des pauvres.

« Ailleurs, des corbeaux dévorants, des aigles affamés, de hideux chiens à cinq têtes assouvissent leur faim furieuse sur le corps de misérables dont les chairs se renouvellent incessamment : ce sont ceux qui n'ont pas fait de bien à leurs semblables et ceux qui ont empêché les autres d'en faire ; tout près d'eux sont ceux qui ont vécu sans faire ni bien ni mal ; ils sont continuellement piqués au visage par des moustiques et le sang qui coule de leurs piqûres tombe à leurs pieds, où il est bu par des vers répugnants. » (*Lamairesse, loc. cit.*).

D'autres *Soûtras*, qu'il serait fastidieux de rappeler *in-extenso*, nous apprennent encore que les menteurs et les traîtres sont sciés en deux comme un tronc d'arbre suivant un fil noir ; que les batailleurs et les adultères sont précipités sur des feuilles d'arbres en fer ou dévorés par des chiens aux dents de même métal ; que les destructeurs de poissons seront plongés dans un fleuve de cuivre liquide, etc.

Nous pourrions allonger cette liste sans ajouter quoique ce soit à la valeur démonstrative des documents ci-dessus, ni épuiser un sujet que les textes ont traité avec quelque complaisance. « Quand j'aurais cent bouches, cent langues et une voix de fer, je ne pourrais jamais dire tous les genres de crimes ni passer en revue tous les supplices. » (*L'Enéide, livre VI*).

Nous nous bornerons donc aux extraits que nous avons produits ; ils sont suffisamment précis pour marquer l'esprit de la doctrine et constituent comme le thème officiel auquel, de l'Inde au Japon, devront se conformer les artistes indigènes chargés de donner un corps aux révélations du Bouddha, de traduire, en particulier, ses idées sur l'Enfer.

Est-ce à dire que la figuration sera partout absolument la même, tels les multiples décalques d'un original unique ? Non, car l'art ne supprime ni les tempéraments de races, ni les modalités de temps et de lieux ; il les accuse, au contraire, en leur infinie variété. Ne le voyons-nous pas en France, d'un portail d'église à un autre ?

On ne saurait, partant, être surpris de trouver dans la peinture des Enfers d'appréciables différences quant aux détails. Du Gange au Fleuve Jaune, nombreux et divers sont les peuples qu'a rangés sous sa loi la doctrine du Bouddha ; leurs artistes ont une personnalité propre dont ils ne peuvent s'abstraire et qui se retrouve dans leurs œuvres, qu'elle caractérise et différencie.

Il existe encore une autre cause de dissemblance. Les supplices de l'enfer étaient, vraisemblablement, pour partie, fonction de la justice des hommes et les imaginations qui avaient conçu les tortures appliquées aux contrevenants à la loi humaine étaient proches parentes de celles qui avaient codifié les châtiments infligés par les Juges infernaux. – N'y aurait-il pas de curieux rapprochements à faire aussi chez nous entre les scènes sculptées en nos portails gothiques et les *Coutumiers* du Moyen âge ? — Or, les coutumes répressives des pays d'Extrême-Orient variaient, certainement, d'une région à une autre et, avec elles, les pénalités religieuses.

Une anecdote, dont il convient de prendre le contre-pied, tend bien à montrer la relation des deux justices, la séculière et la bouddhique.

Un grand roi de l'Inde, Açoka, qui fut l'un des protagonistes du bouddhisme, avait un bourreau officiel chargé d'exécuter les sentences de mort que prononçait le souverain. Un jour, Tchanda Girika (c'était le nom du bourreau) était en visite à un ermitage où un religieux lisait à ses frères un *Soûtra* sur les supplices de l'enfer. Quand il eut terminé sa lecture, le moine se tourna vers le bourreau du roi et lui dit : « Mets ces tortures en pratique, Tchanda. » Et le texte nous apprend, qu'à partir de ce jour, les condamnés du roi furent traités comme les coupables dans les enfers. (*E. Burnouf, Introduction à l'histoire du bouddhisme*).

Il serait fort intéressant de poursuivre à travers les contrées d'influence bouddhique les manifestations artistiques dont fut l'objet la figuration des enfers dans les pagodes ; nous ne sommes documentés que sur les monuments du Tonkin, suffisants, d'ailleurs, pour autoriser des conclusions.

Les œuvres que nous avons pu étudier sont de deux sortes : les bas-reliefs et les tableaux dont nous avons déjà dit un mot. Quant à l'autorité des uns et des autres, il n'est peut-être pas hors de propos de se remettre en mémoire les réflexions de Platon dans le *Phédon*, sur les enfers qu'il vient de décrire : « Soutenir que ces choses sont expressément comme je les décris ne convient pas à un homme de sens ; mais que tout ce que je raconte des âmes et de leurs demeures soit comme je l'ai dit ou d'une manière approchante, s'il est certain que l'âme est immortelle, il me paraît qu'on peut l'avancer convenablement et que la chose vaut qu'on hasarde d'y croire. »

*
* *

Les bas-reliefs des pagodes sont de vastes compositions se déroulant aux parois intérieures de l'édifice ; les scènes y sont distribuées sans un grand souci des règles ; les personnages, modelés en demi-relief le plus souvent, y sont traités avec un art enfantin ; mais ce défaut de technique, loin de nuire à l'effet qu'on escomptait, qui est un effet d'épouvante, le sert, au contraire, par sa gaucherie naïve qui rend plus au naturel une société dont les membres, hommes ou femmes, n'eurent jamais rien à voir avec le canon de Polyclète.

D'une manière générale, la composition forme trois zones : la zone supérieure, qui est celle du paradis, tient peu de place en comparaison de l'enfer ; la zone médiane est occupée par les Grands Juges infernaux ; la zone inférieure, zone des enfers, est vaste, complaisamment étalée, remplie de personnages en des postures et des occupations variées.

Nous ne saurions — surtout à trente ans de distance — entrer dans de longs détails sur la pagode d'Hanoï, qu'une édilité, semblable à beaucoup d'autres, a jugé bon, pour la plus banale convenance administrative, de jeter bas ; nous en commenterons seulement une tranche découpée dans le vaste ensemble, qui ressemble, d'ailleurs, à toutes celles qui l'avoisinent.

L'honneur d'abord aux Grands Juges infernaux. Ce sont des personnages considérables, qui président au destin des fidèles qu'on leur envoie et veillent à la bonne exécution des arrêts de la justice bouddhique. Ils sont assis sur leur siège et tiennent à la main, les uns un pinceau, comme s'ils allaient rédiger quelque sentence ; les autres une règle, symbole de droiture et d'équité. Tels les présidents de parlement, ils sont coiffés d'une sorte de bonnet à mortier garni d'ornements d'argent et toute leur personne est empreinte de cette gravité hiératique que les mandarins d'aujourd'hui gardent encore devant l'Empereur dans les cérémonies officielles.

Au-dessous d'eux, des compartiments voûtés figurent les enfers, sur le devant desquels se tiennent des diables nus à mine bestiale, aux oreilles évasées, à la langue pendante et qu'on dirait, s'ils n'étaient des ancêtres, descendus des voussures ou du tympan d'un portail gothique.

On a relevé (Foucher, *Reliefs gréco-bouddhiques*) que des démons portaient une face humaine dessinée sur le ventre, détail d'importance, parce que nous le retrouverons au Jugement dernier du portail de Bourges.

Quant aux supplices, citons-en quelques-uns.

Voici une plate-forme carrée montée sur un socle ; les victimes, que va broyer un lourd pilon, y ont déjà pris place, sous la surveillance d'un démon attentif, cependant qu'une femme agenouillée, le doigt tendu vers les damnés, semble intercéder en leur faveur.

Faisant suite, c'est un pilori auquel est ligoté un patient qu'un diable à tête de buffle frappe d'une lance ; puis, ce sont des diables encore, qui tiennent par les bras redressés en l'air des malheureux qu'ils torturent à plaisir; enfin, une autre scène montre une voûte d'enfer sous laquelle se voit une bête monstrueuse — l'androphage de la sculpture romane — tenant dans ses mâchoires puissantes le corps nu d'un damné.

Et le panneau tout entier est occupé par des scènes analogues, qui témoignent que l'art du stucateur annamite s'apparente souvent, au point de vue de l'exécution des sujets, avec le faire encore hésitant des auteurs de nos chapiteaux romans.

Les tableaux d'enfers sont, comme nous l'avons dit plus haut, de grandes images où des artistes du crû ont reproduit au pinceau et à l'encre de Chine une série de châtiments imités des bas-reliefs des pagodes. Les préoccupations d'art en sont totalement exclues ; on vise à frapper les masses, à faire naître en elles un effroi dont bénéficiera la religion du Bouddha.

La collection comprend dix tableaux, chacun d'eux représentant un des dix royaumes infernaux avec les condamnés qui y subissent leur peine (1).

Dans tous, la mise en scène est identique : un Juge unique assis à son tribunal, avec, devant lui, un livre ouvert où sont consignées, sans doute, les actions des hommes, tel le *Livre de*

(1) Ces tableaux sont à rapprocher des estampes de dévotion qui eurent chez nous une vogue immense dans la seconde moitié du XVe siècle et le commencement du XVIe et qui représentaient, le plus souvent, soit la *Parenté de la Vierge*, soit la *Messe de Saint Grégoire*. (V. *Bulletin archéologique*, 2e 1918). Nous en avons fait reproduire trois sur dix.

*Vie* dont il est parlé chez nous à l'Office des Morts : « *Un livre sera produit où tout est contenu et d'après lequel le mort sera jugé.* »

Tout autour du Juge, des assesseurs en costume mandarinal; puis, des surveillants porteurs de hallebardes; ils ont des têtes d'animaux : bélier, mouton, chat, bœuf, cheval, tigre, tous les attributs de la démonologie égyptienne ou chaldéenne.

Les bas exécuteurs des sentences sont les mêmes diables à mine patibulaire que nous connaissons déjà; leur tête est rasée et déformée par d'énormes protubérances; ils ont des ailerons derrière les oreilles et l'on en voit même qui portent autour du cou une sorte de collerette faite de sept petites têtes grimaçantes. Nous sommes là en pleine tradition bouddhique et nos démons répondent bien à la description de l'un des livres sacrés, le *Lalista Vistara* : « Ils ont la tête, les pieds et les mains contournés et d'une forme hideuse; des visages difformes, la langue épaisse, rugueuse et pendante, des oreilles de porc; quelques-uns ont des têtes de renard, de porc, d'âne, de bœuf, d'éléphant, de cheval ou d'autres animaux » (*Lamairesse, loc. cit.*).

La partie inférieure de chaque tableau est consacrée aux supplices; c'est la plus étendue. Encore les infractions qu'elle représente ne constituent-elles qu'un choix parmi toutes celles que commettent journellement les hommes. On a quelque raison de croire que ce choix répond aux fautes les plus communément relevées ou dont la disparition est particulièrement désirable. Nous y trouvons la calomnie, l'adultère des femmes — celui des hommes n'y figure point, — le mensonge, le meurtre d'un homme ou d'un animal domestique, le meurtre de la femme sur son mari, l'infanticide, le mariage entre parents au degré prohibé, la concussion et la dilapidation des ressources de la communauté.

C'est un mélange étrange de manquements aux préceptes religieux et de fautes d'ordre administratif ou social.

Certains vices nationaux, le vol et le mensonge, qui fleurissent vigoureusement en Indo-Chine, sont dûrement châtiés aux enfers; il en est de même de la concussion, péché véniel pour les mandarins qui la pratiquent, mais qui gangrène tous les rouages de l'administration indigène.

On a jugé, sans doute, que pour les combattre, il n'était pas trop des forces combinées de la terre et du ciel, et de là leur présence en un recueil d'où, à l'origine, on les eût délibérément écartées, le Bouddha affectant de se désintéresser des choses du siècle.

Un chapitre qui occupe une place appréciable dans le code religieux, c'est celui de la défense des maris, qui accapare également de nombreux articles du Code des Lois et Règlements du royaume d'Annam. Il y a là, non point matière à plaisanteries faciles, mais bien la conséquence de la constitution familiale, demeurée ce qu'elle était il y a des milliers d'années. La religion des ancêtres, la seule qui tienne véritablement au cœur de l'indigène, élève le *pater familias* à la dignité de pontife du culte domestique et toute offense à ce sacerdoce encourt *de plano* une répression spéciale aggravée, telles les atteintes à la personne ou à la famille de l'Empereur, ou aux mandarins dans l'exercice et à l'occasion de leurs fonctions.

Nous ne saurions examiner dans le détail les dits tableaux d'enfers ; nous signalerons seulement celles de leurs particularités qui offrent le plus d'intérêt.

Le premier tableau, ou premier royaume, suivant l'expression adoptée en Indo-Chine, est celui où se rendent les âmes après la mort pour y être jugées.

Les bouddhistes, et avec eux tous les peuples de l'Orient, ont, depuis longtemps, matérialisé ce jugement par une balance où sont placées les bonnes et les mauvaises actions des hommes.

« Au jour du Jugement, dit un texte musulman, la balance de la Justice sera très réellement dressée ; les bonnes et les mauvaises actions des hommes seront pesées et leurs poids comparés. »

« Près de Mithra, lit-on dans un livre sacré des Perses, se tient Rashnu, avec la balance des génies, qui ne dévie pas d'un cheveu par faveur, qui pèse au même poids les princes et les rois, et les plus misérables des hommes » Chez les Egyptiens, le *Livre des morts*, que recevait chaque famille afin de s'en bien pénétrer, renfermait le cérémonial compliqué du jugement de l'âme, dont la balance était l'objet essentiel, que surveillaient Thot, à la tête d'ibis et Anubis à la tête de chacal.

L'imagier annamite a traité le sujet avec sobriété et tout se réduit aux personnages indispensables. Sous l'œil du Grand-Juge, qui suit avec une attention marquée l'opération, un assesseur que, dans leur langage, les Annamites appellent l'*administrateur des bonheurs et des malheurs*, procède à la pesée des âmes, dont les bonnes actions sont figurées par des cailloux blancs dans l'un des plateaux de la balance et les mauvaises, par des cailloux noirs dans l'autre plateau. D'un doigt léger, l'administrateur semble vérifier la justesse de l'instrument, cependant qu'un diable à tête de chat surveille les opérations du pèsement. Quand le Juge a prononcé, les âmes dont les mauvaises actions l'emportent sur les bonnes sont dirigées sur celui des enfers qui connaît de leur cas particulier et leur supplice commence. (*V. tableau n° I*).

Dans l'énumération qui va suivre des supplices endurés aux enfers, nous retrouverons l'inspiration des *Soûtras*, sinon dans la forme immédiate, du moins dans la conception générale.

Le Bouddha, assez accommodant en somme pour les simples mortels – il se montrait plus exigeant pour ses disciples, — a limité à cinq le nombre des fautes qui entraînent aux enfers ; ce sont : le meurtre d'un homme ou d'un animal domestique, le vol, le mensonge, l'adultère et l'ivresse. Ce dernier cas est assez rare et c'est pour cela, sans doute, qu'il ne figure pas dans nos tableaux.

Nous allons résumer pour chacun des cas religieux ci-dessus les châtiments qu'il comporte, en y ajoutant la répression des manquements administratifs.

1° *Meurtre*. — Les femmes qui ont tué leurs maris sans intention de se remarier sont enchaînées et traînées par les démons jusqu'à un brasier qui les consume ;

Les femmes meurtrières de leur mari pour contracter un nouveau mariage sont plongées dans une chaudière d'huile bouillante ;

Les assassins ordinaires sont : ou bien suspendus à une potence et fortement bâtonnés par des démons, qui les mettent ainsi à mort ; ou bien écrasés sous une presse de pierre ;

Les hommes qui tuent des animaux domestiques appartenant à autrui ont la tête fendue à coups de hache.

2° *Vol*. — Les voleurs de bœufs ont la tête fendue à coups de hache.

3° *Mensonge*. — Les menteurs et les trompeurs sont précipités sur des planches garnies de lances en fer ou bien ont la langue arrachée avec une tenaille ;

Ceux qui ont trompé leur maître ou leur ami pour en tirer un bénéfice se voient enfoncer un clou dans le ventre.

4° *Adultère*. — Les femmes adultères sont sciées de haut en bas comme un tronc d'arbre suivant un fil noir.

5° *Divers*. — Les femmes coupables d'avortement sont plongées dans un fleuve de sang où elles circulent ayant sur la tête une bassine pleine de sang ;

Les ravisseurs de femmes mariées sont précipités dans le fleuve des enfers où des serpents les dévorent ;

Les personnes qui contractent mariage malgré leur parenté ont le pied coupé ;

— La loi annamite interdit le mariage entre parents du 5e au 2e degré, et punit les contrevenants de peines allant de trois ans de fers à la décapitation. (*Code des Lois du Royaume d'Annam, livre V, section IX*). —

Les gens coupables de trahison envers la patrie sont découpés en petits morceaux ;

Les oppresseurs du peuple sont brûlés dans un fourneau ;

Les concussionnaires ont le ventre ouvert et leurs entrailles sont jetées aux chiens :

Les dilapidateurs des vivres de la communauté sont précipités dans des mortiers et pilonnés.

Ces divers supplices, avons-nous dit plus haut, se perpétuent pendant un laps de temps dont on arrive à peine à se rendre compte ; mais, l'intercession peut, toutefois, en abréger la durée. Nous la constatons sur divers tableaux où elle revêt des formes variées. Ici, c'est un jeune homme qui offre au Juge une corbeille de fruits ; là, un suppliant à genoux qui remet un placet ; dans un autre, descend du ciel, sur un nuage, une vierge nimbée et couronnée de lotus, qui se dirige vers le Grand-Juge ; enfin, il est une forme particulièrement gracieuse en tant qu'idée : un malheureux, gisant dans un mortier, va être écrasé sous le pilon qui s'abat ; une fleur vient se poser à l'extrémité du pilon, comme pour en amortir l'action et protéger la victime. (*V. tableau n° II*).

Lorsque les âmes des coupables ont expié dans l'enfer particulier qui leur avait été assigné, la faute qui les y avait conduites, il leur reste une ultime épreuve, qui est subie dans le dixième et dernier royaume des enfers. Elle consiste à franchir un pont jeté sur le fleuve de Détresse et qui est parsemé de trappes béantes ; les âmes complètement en règle avec leurs Juges passent sans difficulté ; celles à qui reste encore une obligation à remplir, ne les peuvent éviter et s'abiment dans le fleuve, où elles continuent à expier. (*V. tableau n° III*).

Ainsi que la balance des âmes, on retrouve le symbole du pont-épreuve dans la plupart des religions antiques. Chez les Perses, c'est le pont lumineux de *Cinvat*, aussi large qu'une route pour les Justes, mince comme un cheveu pour ceux qui n'ont pas achevé de payer leur dette. Chez les Musulmans, c'est le terrible pont *El Sirat*, mince comme un cheveu, tranchant comme une épée, qu'aucun mahométan ne se hasarderait à franchir avant d'avoir sacrifié, lors de la grande solennité de l'Aïd-el-Kébir, un mouton qui lui servira de monture.

Nous retrouverons chez les Visionnaires du Moyen âge cette même notion du pont-épreuve.

Nous arrêterons là notre excursion à travers les figurations d'enfers. Une conclusion se dégage de notre rapide examen : c'est que les artistes annamites qui ont modelé les bas-reliefs et dessiné les tableaux de propagande ne se sont point écartés, malgré leur éloignement des sources et la différence des âges, des idées générales de la doctrine bouddhique sur la répression des fautes. Toutes leurs conceptions, même les plus naïves, se rattachent par quelque côté aux principes essentiels des *Soûtras* et, dans cette traduction *ad usum populi* des Visions du Bouddha, ils sont demeurés fidèles aux enseignements des prêtres, à l'antique tradition de la subordination de l'art au dogme.

---

## CHAPITRE II

# Les Enfers des Cathédrales

Rentrons maintenant en France et allons consulter à leur tour nos vieilles cathédrales médiévales, que Huysmans a si justement nommées les *Dictionnaires du Moyen âge*.

Là aussi, nous allons trouver des enfers qui s'étalent un peu partout, dans les fresques et les verrières, mais surtout dans les tympans des portails.

Toutefois, ils ne constituent pas ici le motif presque exclusif des compositions ; ils font partie d'un ensemble, le Jugement dernier, et représentent, pour une catégorie de justiciables, l'épilogue du drame : l'expiation.

Ainsi que nous l'avons fait pour le bouddhisme, nous nous demanderons où rechercher les origines de l'art des cathédrales et la réponse, qu'ont dégagée déjà de nombreux travaux, est facile : dans la doctrine catholique.

« La composition des images religieuses, disaient, dès l'année 787, les Pères du premier concile de Nicée, n'est pas laissée à l'initiative des artistes ; elle relève des principes posés par l'Eglise catholique et la tradition religieuse. »

Et, précisant plus loin leur pensée, ils ajoutent : « L'art seul appartient au peintre ; l'ordonnance et la disposition appartiennent aux Pères. » (*E. Mâle, l'Art religieux en France au* XIII^e^ *siècle*) (1).

(1) Afin de ne point surcharger cette étude de références continuelles, nous déclarons, une fois pour toutes, que la plus grande partie de notre documentation sur les « Jugements derniers » est tirée des deux savants ouvrages de M. Emile Mâle, l'*Art religieux en France au* XIII^e^ *siècle* et l'*Art religieux de la Fin du Moyen âge*.

Cette théorie est nette ; elle passa dans les faits et l'on a pu dire qu'au Moyen âge « l'art ne fut que la forme sensible de la doctrine. »

Quelles étaient donc les sources où puisaient, les œuvres auxquelles recouraient les artistes et les théologiens qui leur donnaient le mot d'ordre ? Au premier rang, on peut citer l'*Apocalypse selon St Jean* et les *Evangiles* ; après, viennent les *Sommes* diverses et, particulièrement, celle de St Thomas d'Aquin qui les coordonne toutes ; puis, ces Larousses médiévaux qu'étaient les *Miroirs* de Vincent de Beauvais ; enfin, cette floraison touffue d'histoires naïves ou terrifiantes qui, des *Visions* à la *Légende dorée* de Jacques de Voragine, excitèrent si fortement l'imagination des foules médiévales.

Ces ressources variées ne furent point mises à contribution toutes à la fois ; elles eurent, au contraire, chacune leur heure d'actualité selon les influences qui prédominaient dans les milieux bâtisseurs Aussi, peut-on distinguer trois phases générales dans la figuration du Jugement dernier. Dans la première, les artistes s'inspiraient de l'Apocalypse de St Jean ; dans la seconde, de l'évangile de St Mathieu : dans la troisième, des *Apocryphes*, des *Visions* et *Légendes*. D'une phase à l'autre, le passage était ménagé par des monuments de transition.

De ces trois phases, la dernière seule, est pleinement opposable aux images des pagodes ; mais nous ne pouvons la decrire en l'isolant de celles qui l'ont précédée et préparée et force nous est de considérer le sujet dans son ensemble, de suivre nos imagiers dans leurs conceptions successives.

La première phase, qui s'étend jusque vers le milieu du XIIe siècle — abstraction faite des îlots d'influences qui, selon les Ecoles, prolongent telles ou telles formes de construction — est magistralement représentée, dans l'architecture monumentale de la France, par le tympan de l'abbatiale de Saint-Pierre de Moissac, l'un des plus précieux morceaux de sculpture religieuse que l'époque romane nous ait laissés.

La composition représente le Dieu de Majesté assis sur son trône, entouré des quatre Evangélistes symbolisés et des vingt-quatre vieillards, comme il est dit au chap. IV de l'Apocalypse de St Jean :

..... « *Je vis un trône dressé dans le ciel et quelqu'un était assis sur ce trône..... Autour, il y en avait vingt-quatre autres sur lesquels étaient assis vingt-quatre vieillards vêtus de robes blanches avec des couronnes d'or sur la tête..... En bas du trône et à l'entour, il y avait quatre animaux pleins d'yeux de-*

*vant et derrière. Le premier animal était semblable à un lion, le second était semblable à un veau, le troisième avait le visage comme celui d'un homme et le quatrième était semblable à un aigle qui vole.* »

Remarquons qu'en ce début du XIIe siècle — l'œuvre est comprise entre les dates extrêmes de 1100 et 1135 — les théologiens ne nous montrent encore que le tribunal du Souverain Juge ; les formes du Jugement n'apparaîtront qu'un peu plus tard.

La deuxième phase est celle des XIIIe et XIVe siècles, avec cet épanouissement de détails que présente le drame du Jugement dernier aux portails de nos basiliques gothiques, d'Amiens à Bourges, en passant par Reims, Paris, Rouen, Chartres, etc.

Ici, le Juge n'est plus le Dieu de Majesté, mais le Fils de l'Homme, venu sur les nuées du ciel avec une grande puissance et une grande gloire, ainsi qu'il est écrit à l'évangile de St Mathieu. (*Chap. XXIV, § 5*).

« Au sommet du tympan où le Jugement va se dérouler, Jésus-Christ, assis sur son trône, apparaît. Il n'a ni couronne, ni ceinture d'or, comme la figure de l'Apocalypse. Il a voulu se montrer aux hommes tel qu'il fut parmi eux et il s'est revêtu de son humanité. D'un geste admirable..il lève ses deux mains pour faire voir ses blessures et sa tunique écartée sur sa poitrine laisse paraître la cicatrice de son flanc... A ses côtés apparaissent des anges ; les uns portent la croix et la couronne d'épines ; les autres, la lance et les clous... Enfin, pour enrichir encore cette scène, déjà si pleine de vie, les artistes ont imaginé d'introduire, à droite et à gauche du Juge, la Vierge et St Jean en prière. » (*E. Mâle, loc. cit.*).

Notons que la Vierge et St Jean ne sont là que de par l'initiative des imagiers, l'Evangile ne mentionnant nullement leur présence. Ils représentent l'intercession, que nous avons rencontrée dans les Jugements des pagodes, manifestation touchante de la pitié populaire qui, aux antipodes du vieux monde, s'affirme la même, est acquise à l'idée de pardon, de clémence, que repoussait le dogmatisme intransigeant des théologiens.

Les monuments de transition entre les deux phases précédentes se montrent particulièrement dans l'Ecole du Sud-Est : le portail de Saint-Trophime d'Arles est un de ceux-là. On y rencontre encore au tympan du portail central le Dieu de Majesté entouré des quatre Evangélistes ; mais on y voit aussi, pour la première fois : d'abord, les douze apôtres remplaçant les vingt-quatre vieillards, suivant cette parole de Jésus : « Vous serez assis sur douze trônes et vous jugerez les douze tribus d'Israël ; » puis, en un coin, dont il sortira bientôt pour se montrer au grand jour, St Michel pesant les âmes. On y trouve encore, suite naturelle du pèsement, la distinction entre les élus et les damnés, toujours suivant le texte de St Mathieu : « .... *Et toutes les nations étant assemblées devant lui, il séparera les uns d'avec les autres, comme un berger sépare les brebis d'avec les boucs et il placera les brebis à sa droite et les boucs à sa gauche.* » (*Chap. XXV*, § 3). Enfin, apparaissent également le séjour des élus, que figure le sein d'Abraham, d'Isaac et de Jacob, et l'Enfer personnifié par une file de damnés nus, qu'entraîne, au milieu des flammes, un diable qui tient la corde par laquelle ils sont liés les uns aux autres.

Cette figuration de l'Enfer, timidement esquissée en cette fin du XIIe siècle, qui fut celle de la construction du portail de Saint-Trophime, va se préciser davantage au XIIIe siècle. Les théologiens l'empruntent au livre de Job, au Léviathan, cet animal fantastique que Dieu, parlant au patriarche, décrit ainsi : « Autour de ses dents habitent la terreur ; les flammes jaillissent de sa bouche ; des étincelles s'en échappent ; une flamme sort de ses narines comme d'un vase qui bout ; il fait bouillir le fond de la mer comme une chaudière. »

Les artistes interprétèrent à la lettre le livre de Job et poussèrent même le scrupule, comme au portail de Bourges, jusqu'à placer dans la gueule du monstre la chaudière en ébullition.

Mais si l'Enfer est, maintenant, clairement indiqué, la porte n'en est encore qu'entr'ouverte et nous ignorons ce qui se passe au-delà. Les *Visions* racontent qu'il s'y passe des choses terribles, que les damnés y sont soumis à d'horribles tourments ; les théologiens soutiennent le contraire et affirment que les récits qu'on leur oppose n'ont qu'une valeur symbolique. « Les vers qui dévorent les réprouvés, dit St Thomas d'Aquin, doivent s'entendre au sens moral et signifient les remords de la conscience. »

Les foules ne pensent point comme les théologiens et leur justice naïve repousse ces subtilités pour admettre la matérialité des supplices Beaucoup de sculpteurs partagent cette opinion et, n'était la dépendance en laquelle ils sont tenus, le manifesteraient dans leurs œuvres : on évolue vers la conception bouddhique.

De loin en loin quelques imagiers se hasardent en des essais isolés, tels, par exemple, les crapauds et serpents sculptés au bord du chaudron infernal de Bourges et qui sucent les seins, dévorent les lèvres des damnés ; telles ces violences qu'exercent à l'encontre d'autres damnés des diables hideux, comme aux voussures des portails de Notre-Dame de Paris ou de la Sainte-Chapelle; telles aussi, et surtout, les scènes qui marquent la conduite aux Enfers des réprouvés. Ainsi que pour l'intercession, dont nous parlions tout à l'heure, on nous dit que les artistes ont eu pleine liberté de traduire à leur aise ; le résultat n'en est que plus significatif et montre la pensée intime de l'âme populaire.

Des compositions diverses que le Moyen âge nous a léguées, celle du portail de la cathédrale de Bourges est une des mieux ordonnées et nous laissons à Huysmans le soin de la commenter.

« A Bourges, ce n'est plus la courtoisie infernale gardée à Chartres, les vagues égards d'un esprit du mal poussant doucement une moniale devant lui, mais bien la brutalité dans toutes ses horreurs, l'ignoble violence.

« Les servants de Satan travaillent pour de bon et cognent ; ici, un diable au mufle de fauve dont le ventre est une trogne, frappe le crâne d'un malheureux qui se débat en grinçant des dents et lui mord les jambes avec sa queue, dont l'extrémité s'ouvre en mâchoire de serpent ; là, un autre bourreau, hirsute et cornu, arrache à un damné une oreille avec un croc ; là encore, un autre monstre, à la face camuse, aux tétines en pendeloque, au bas du ventre occupé par un masque d'homme, — particularité relevée sur un démon des enfers annamites — aux ailes soudées à la chûte des reins, empoigne un religieux et le précipite, la tête la première, dans un chaudron qui bout sur une gueule renversée de dragon, dont deux valets de Satan attisent les flammes avec des soufflets Et, dans ce coquemar, deux figures l'une, symbole de la médisance, l'autre, de la luxure, une figure de moine et une figure de femme se tordent et pleurent, car d'énormes crapauds dévorent, au premier la langue, sucent à la seconde les seins. » *(Huysmans, La Cathédrale)*.

Avec ces figurations non équivoques, on pressent un peu ce qui doit survenir quand les damnés ont franchi la porte de l'Enfer ; les Jugements derniers du xv^e^ siècle s'annoncent et l'argumentation des symbolistes devra s'effacer devant le réalisme des visionnaires.

Nos Jugements derniers des xiii^e^ et xiv^e^ siècles, s'ils se montrent réservés quant à l'application des peines aux damnés, procèdent, par contre, au jugement des âmes avec une sorte d'apparat, qui contraste avec ce que nous avons vu à Saint-Trophime, par exemple. Saint Michel y tient une place presque égale à celle du Christ et le milieu de la composition lui est partout attribué, à Bourges, comme à Amiens, comme en toutes les basiliques du temps.

D'où vient-il à cette fonction de peseur des âmes? En droite ligne des vieilles traditions de l'Inde et de l'Egypte, car, ni les Apocalypses, ni les Evangiles, ni la patrologie ne nous en ont jamais dit un mot : c'est l'Hermès des peintures de vases, le psychopompe chrétien, le frère de l' « Administrateur des bonheurs et des malheurs » de la terminologie annamite ; son entrée dans la tradition doit remonter aux premiers siècles et St Jérôme et St Augustin semblent l'avoir connu. Au IVe siècle, l'évêque d'Hippone écrivait : « Les bonnes et les mauvaises actions des hommes seront comme suspendues dans une balance et si la multitude des mauvaises l'emporte, le coupable sera entraîné dans l'Enfer. »

Nous venons de dire que Saint Michel triompha surtout avec les églises gothiques aux vastes tympans : exceptionnellement, il apparaît, dès le milieu du XIIe siècle, à l'abbatiale de Sainte-Foy de Conques, dans une scène où sa vigilance est mise à l'épreuve par le diable qui, sournoisement, appuie son doigt sur l'un des plateaux de la balance afin de l'influencer.

C'est qu'il y a à Conques un problème encore à résoudre. Il s'est trouvé là des abbés, de véritables précurseurs, en avance de plusieurs centaines d'années sur leurs contemporains, qui, dans ce tympan célèbre de leur église, construite fin du XIe et commencement du XIIe siècle, ont rompu avec toutes les conventions, avec tout le symbolisme des Docteurs en Sorbonne.

La figuration de l'Enfer est une page remarquable de réalisme, qui s'apparente directement, par dessus les XIIIe et XIVe siècles, aux compositions du XVe siècle. Pour la première fois, nous sommes admis à franchir les portes de l'Enfer et à voir ce qui s'y passe; pour la première fois, apparaît la distinction méthodique des fautes et leur punition. On pressent dans ces châtiments divers, — de l'Orgueil, que personnifie un personnage renversé de son cheval et transpercé d'un coup de fourche ; de l'Avarice, que représente Judas pendu à un arbre avec une bourse au cou ; de la Médisance, figurée par un homme à qui un diable arrache la langue avec des tenailles, etc., — une sorte de codification des fautes et des sanctions, un code pénal de l'Enfer, rappelant ce que nous avons vu dans les pagodes. Une inscription courant sur une banderole surmontant les lieux d'expiation nous prévient en ces termes : « *Les voleurs, les menteurs, les trompeurs, les ravisseurs, sont tous condamnés ainsi, avec les scélérats.* »

Nous n'en sommes pas encore à la séparation en des compartiments distincts des coupables ; mais l'idée est en marche, que reprendront les peintres des fresques de Sainte-Cécile d'Albi.

Ce caractère d'art précurseur, qu'offre l'œuvre des imagiers de Conques, n'avait point échappé à Mérimée, qui écrivait en 1838 : « Si je ne me trompe point, dans cette variété de personnages accumulés sur ce bas-relief, il y a plus d'imagination que n'en montrent d'ordinaire les compositions de cette époque et les scènes qu'on trouve là annoncent une certaine recherche d'idées qu'on ne s'attend pas à rencontrer à une époque de barbarie. »

Le fait ne serait point particulier à Conques et s'observerait assez fréquemment dans nos diverses abbayes, au témoignage de M. de Lasteyrie, qui nous dit dans son magistral ouvrage, l'*Architecture religieuse en France à l'époque romane*, que : « Jusqu'au milieu du XIIe siècle, les églises monastiques ont contribué beaucoup plus que les cathédrales au développement de l'art de bâtir et que c'est à elles qu'est dû l'admirable essor qu'a pris l'architecture religieuse en France sous les premiers Capétiens. »

Cependant, dans le cas particulier, l'exemple de Conques n'avait point franchi les collines rouergates et dans les milieux ecclésiastiques la lutte continuait entre symbolistes et réalistes. St Thomas n'était plus là pour mener ses troupes au combat et, même, un rival dangereux s'était levé, Denis le Chartreux, religieux de grand renom lui aussi, qui accueillait dans son enseignement les récits des légendes, les présentait comme des vérités acquises, les élevait presque à la dignité de dogmes et leur ouvrait ainsi toutes grandes les portes des églises de France. C'était toute une révolution dans l'art monumental, qui allait caractériser la dernière phase de la figuration du Jugement dernier.

*
**

Quelles étaient donc ces *Visions* et ces *Légendes* dont allaient, désormais, s'inspirer nos artistes ?

Nous ne les connaissons point toutes, car, à côté de celles qu'un texte nous a conservées, combien en est-il qui se transmettaient oralement, dans les conversations des ateliers ou les longues veillées d'hiver, qui naissaient et mouraient sur un théâtre restreint ?

Le document qui paraît le plus ancien est l'*Apocalypse de Pierre*. Son histoire est assez mouvementée et elle figure parmi une littérature religieuse abondante — apocryphe le plus souvent — attachée au nom du prince des Apôtres. C'est ainsi qu'on a une *Prédication de Pierre*, une *Doctrine de Pierre*, des *Actes*, un *Évangile* et l'*Apocalypse de Pierre*.

Cette dernière fut, dit-on, regardée comme orthodoxe jusqu'au commencement du IVe siècle, où elle disparut, condamnée par les Pères de l'Eglise ; on lui attribue une action directe sur le Dante, qui l'aurait utilisée pour sa *Divine Comédie*.

On l'avait perdue de vue depuis des siècles, lorsqu'en 1886, la Mission archéologie française du Caire en retrouva un important fragment dans la tombe d'un moine Copte d'Akmin, près d'Alexandrie. Des polémiques ardentes s'engagèrent autour du manuscrit retrouvé, dont nous ne nous occuperons point parce qu'elles n'ont rien à voir avec le sujet que nous traitons.

Dans la solution du problème d'art que nous poursuivons, nous retenons seulement ce fait, qui est acquis : elle a existé, elle a exercé une influence effective sur un livre que connut beaucoup le moyen âge, la *Vision de St Paul*. Que d'aucuns la la considèrent comme apocryphe quand d'autres la veulent orthodoxe, c'est affaire entre gens de religion ; pour nous, sous l'une ou l'autre qualité, elle fut mise à profit par les artistes médiévaux et, comme le dit justement M. Mâle : « Si nous voulions ignorer les Apocryphes, la moitié au moins des œuvres d'art deviendrait pour nous lettre close. » Nous ferons donc état de l'*Apocalypse de Pierre*.

Le texte en paraît fort ancien ; on le fait remonter au règne de Trajan, fin du Ier siècle ou commencement du IIe. L'auteur en est inconnu ; mais diverses circonstances, notamment son texte en grec et l'allusion qui est faite aux vices en honneur à Lampsaque et à Lesbos — et dont le châtiment évoque un passage de Pausanias — ont amené à l'attribuer à un Grec d'Alexandrie.

Voici, d'après la traduction que nous relevons dans un ouvrage de M. Salomon Reinach, des extraits de l'Apocalypse où il est question de l'Enfer.

Jésus, ayant conduit ses disciples sur une haute montagne, leur montra d'abord le séjour des Justes, puis celui des Damnés ; un des disciples présents raconte ce qu'il vit :

« A l'opposé du lieu destiné aux Bienheureux, j'en vis un autre desséché et hideux : les gens qu'on y châtiait portaient des vêtements sombres, semblables à l'atmosphère qui y régnait. Quelques-uns étaient suspendus par la langue : c'étaient ceux qui avaient blasphémé la vérité de la justice ; un feu brûlant les entourait et les torturait. On voyait aussi un grand marais rempli de vase bouillonnante dans laquelle étaient plongés ceux qui avaient perverti la justice ; des anges tortionnaires s'acharnaient sur eux. Des femmes aussi étaient suspendues au-dessus de cette fange bouillonnante ; c'étaient celles qui s'étaient parées pour l'adultère, et ceux qui avaient été leurs complices étaient suspendus par les pieds, la tête plongeant dans la boue. Je voyais les meurtriers et leurs complices jetés dans un endroit resserré et rempli de reptiles féroces, tourmentés par ces bêtes et s'agitant dans leurs supplices ; les vers rampaient sur eux comme des nuages d'ombre.

« Et après ce lieu, j'en vis un autre non moins resserré, dans lequel un pus infect découlait du corps des suppliciés et formait comme un marais. Il s'y trouvait des femmes ayant du pus jusqu'au cou et en face d'elles un grand nombre d'enfants nés avant terme qui pleuraient. Des langues de feu s'échappaient de ces enfants et venaient frapper les yeux des femmes : c'étaient celles qui avaient conçu et s'étaient fait avorter.

« Il y avait aussi des hommes et des femmes aux lèvres rongées et ayant devant eux un fer brûlant : c'étaient les blasphémateurs et ceux qui avaient calomnié la voix de la justice. Et, en face d'eux, d'autres hommes et d'autres femmes, dont la langue était rongée et qui avaient dans la bouche un feu brûlant : c'étaient les faux témoins. Et dans un autre lieu se voyaient des cailloux brûlants, plus aigus que des épées et des aiguilles, sur lesquelles roulaient des hommes et des femmes vêtus de haillons ; c'étaient les riches orgueilleux qui n'avaient eu pitié ni de la veuve ni de l'orphelin...

« D'autres hommes et d'autres femmes se précipitaient du haut d'un escarpement, puis étaient aussitôt chassés par leurs bourreaux, qui les obligeaient à regagner le même sommet, d'où ils se précipitaient de nouveau, sans repos ni trêve : les hommes étaient ceux qui avaient souillé leur corps en se comportant comme des femmes et les femmes étaient celles qui s'étaient unies entre elles comme l'homme s'unit à la femme. » (*Salomon Reinach, Cultes, Mythes et Religions*).

Parlant de l'*Apocalypse de Pierre*, M. Emile Mâle, en dit ce qui suit : « L'enfer chrétien a été décrit pour la première fois par un écrivain grec du IIe siècle. Son livre était attribué à St Pierre et portait le titre d'*Apocalypse de Pierre*. Rien n'est plus curieux que ce livre ; mais il serait superflu d'en parler ici, car le Moyen âge ne l'a pas connu. » (*E. Mâle, l'Art religieux de la Fin du Moyen âge*).

M. Mâle veut dire, sans doute : ne l'a pas connu directement — et pour cause ; il avait disparu, — mais il le connut à travers la

*Vision de St Paul*, au témoignage de M. Mâle lui-même, à qui nous cédons la parole pour nous renseigner sur ce dernier ouvrage.

« La *Vision de St Paul*, nous dit le savant historien, remonte au moins au IVe siècle ; les plus anciennes rédactions, que citent St Augustin et St Epiphane se sont perdues ; les textes grec et syriaque qui subsistent aujourd'hui sont donc de basse époque. L'auteur de ce récit a peu inventé ; *il connaissait, entre autres choses, l'Apocalypse de Pierre, dont il s'est inspiré plusieurs fois; il semble qu'il se soit contenté de réunir des traditions qui se colportaient en Orient.* Les Grecs convertis au christianisme avaient bien de la peine à renoncer à leurs vieux rêves ; ils ne pouvaient se figurer un Enfer différent de celui de leurs poètes, roue d'Ixion et supplices de Tantale.

« Dans les Eglises d'Asie, d'antiques traditions venues de la Perse étaient accueillies avec faveur ; on croyait qu'après la mort, l'âme aurait à franchir un pont étroit suspendu sur l'abîme.

« Le récit grec passa de bonne heure en latin ; on le retrouve dans un manuscrit du VIIIe siècle ; bientôt les langues modernes l'accueillirent et il fut traduit en français, en anglais, en italien et en provençal.

« L'auteur interprétant à sa guise un passage où St Paul affirme qu'il fut ravi jusqu'au troisième ciel, imagina qu'il était descendu aux enfers sous la conduite d'un ange et son récit est présenté comme une vision de St Paul.

« Aux portes mêmes de l'Enfer, y est-il dit, St Paul rencontre d'abord des arbres de feu où les pécheurs sont suspendus ; à chaque branche pendent des damnés, les uns attachés par les pieds, les autres, par les mains, d'autres par la langue, d'autres par les oreilles.

« Sept fournaises lui apparaissent ensuite, elles vomissent des flammes ; il en sort en même temps des hurlements et des pleurs, car, dans les sept fournaises brûlent les âmes de ceux qui ne veulent pas se repentir..

« Voici maintenant une roue de flammes ; des âmes y sont attachées ; la roue tourne mille fois par jour et à chaque tour, elle torture mille âmes.

« St Paul et son compagnon arrivent au bord d'un précipice où coule un fleuve sinistre ; *un pont étroit est jeté au-dessus de l'abîme* ; les justes passent légers comme des anges ; mais les méchants tombent dans le gouffre ; on les y aperçoit plus ou moins enfoncés, suivant la gravité de leurs fautes ; les fornicateurs disparaissent jusqu'au nombril et jusqu'aux sourcils ceux qui se réjouissent des maux du prochain ; de monstrueux poissons rôdent autour d'eux et, parfois, les engloutissent.

« L'apôtre entre dans les lieux ténébreux. Ici des hommes et des femmes dévorent leur propre langue : ce sont des usuriers ; ailleurs, des jeunes filles vêtues de noir sont tourmentées par des serpents : ce sont des filles-mères qui ont jeté leurs enfants aux pourceaux ; plus loin, des pécheurs sont brûlés par un feu ardent qui se métamorphose en glace : ce sont ceux qui ont fait tort aux orphelins.

« St Paul arrive au bord d'un autre fleuve dont les rives sont égayées par de beaux arbres où pendent des fruits. Dans le fleuve sont plongés les mauvais chrétiens qui ont rompu le jeûne avant le temps ; ils ne peuvent ni boire ni manger et, quand ils tendent la main vers les fruits, les branches se redressent d'elles-mêmes.

« Enfin, apparait le lieu de toutes les épouvantes, le puits de l'abîme. Il en sort une fumée épaisse et une odeur que l'apôtre ne peut supporter. C'est dans ce gouffre que sont précipités ceux qui n'ont pas voulu croire en J.-C. : ils y entrent et s'y perdent ; nul ne sait leur nom. Dieu lui-même l'a oublié.

« St Paul rencontre encore sur sa route des hommes et des femmes dévorés par des serpents et des troupes de démons qui dévorent des âmes. Pris de pitié, il prie Dieu pour les maudits et pour l'amour de lui, Dieu décide que, chaque semaine, les damnés auront quelques heures de répit. » (*E. Mâle, l'Art religieux de la Fin du Moyen-Age*).

Apportée en Occident, la *Vision de St Paul* y trouva de nombreux imitateurs. L'Irlande, terre classique des légendes, se distingua dans cette éclosion d'œuvres mystiques et l'on y vit successivement apparaître les *Aventures de St Brendan*, les *Voyages aux Enfers de Robert Owen*, des *Trois Irlandais*, du *Chevalier de Tungdal* qui, les uns et les autres, n'étaient que des adaptations, des transpositions de la *Vision de St Paul*. Le Moyen-Age les accueillit avec une faveur marquée ; le *Voyage du Chevalier de Tungdal*, en particulier, fut traduit dans toutes les langues.

Nous n'en citerons aucun extrait, car ce serait recommencer la fastidieuse énumération des crimes et des châtiments, sans que cette répétition apportât quoi que ce fût de nouveau ; nous rechercherons plutôt quelles furent les répercussions dans l'art religieux du xv$^{e}$ siècle de tous ces récits merveilleux, ainsi que nous l'avons fait pour les *Soûtras* du bouddhisme.

Une petite excursion à travers nos vieilles provinces va nous apporter quelques témoignages de l'interprétation de nos artistes. La moisson eût été beaucoup plus riche si l'Eglise de France n'avait eu, au cours de son histoire, à subir de cruelles épreuves : troubles de la Réforme, coups de force de la période révolutionnaire, qui amenèrent la destruction partielle ou totale de bon nombre d'édifices religieux ; elle nous fournira, néanmoins, quelques précieux documents.

Les figurations sculpturales sont les plus rares, car, avec les proportions qu'exige, dans la conception nouvelle, la représentation seule des supplices de l'enfer, on ne trouve pas de tympans assez vastes pour s'y prêter. Aussi, à part l'ensemble de Conques, rappelé plus haut, on ne rencontre guère que de petits groupes épars, où se trouve traduit tel ou tel passage des livres saints.

Par contre, le peintre de fresques qui, tel le stucateur annamite, dispose à son gré des parois des églises, prend presque partout la succession du sculpteur et l'on peut dire que les Jugements derniers du xv$^{e}$ siècle, à l'inverse de ceux qui les ont précédés, se rencontrent surtout dans les peintures murales, ou bien dans des manuscrits précieux, comme les *Très-Riches Heures* du duc de Berry, ou des ouvrages de vulgarisation, tel le *Calendrier des Bergers*, que tout le Moyen âge a lu et relu.

Parmi les œuvres sculpturales isolées, nous citerons : à Saint-Maclou de Rouen, une roue des supplices et à Saint-Dézert de Châlon-sur-Saône, un arbre des damnés, l'un et l'autre procédant de la *Vision de St Paul* ; aux voussures du portail central de la cathédrale de Nantes, encore une roue de supplices et divers autres groupes de démons trop mutilés pour être identifiés ; puis, une scène d'interprétation meilleure : des diables, transformés en forgerons, lèvent de lourds marteaux sur une enclume faite de corps d'hommes et de femmes superposés, qu'ils semblent vouloir souder ensemble ; c'est la reproduction presque absolue d'une vision du *Chevalier de Tungdal* On y lit, en effet, ce passage : « Des marteaux retentissent, c'est la forge de Vulcain, qui est un démon ; là sont punis les pécheurs impénitents ; Vulcain les jette en tas sur l'enclume et, de son marteau, il les forge, les amalgame, en fait une masse qui n'a plus de forme ni de nom. » (*E. Mâle, loc. cit.*)

Avec les fresques, nous trouverons quelque dédommagement à la rareté des œuvres de sculpture, bien que là, notre principal ennemi soit le temps. Toutefois, dans les vieilles églises du Poitou ou du haut Dauphiné, on rencontre, de-ci de-là, des pans de murailles aux couleurs effritées, où l'on peut, par une observation attentive, reconstituer quelques parties du sujet.

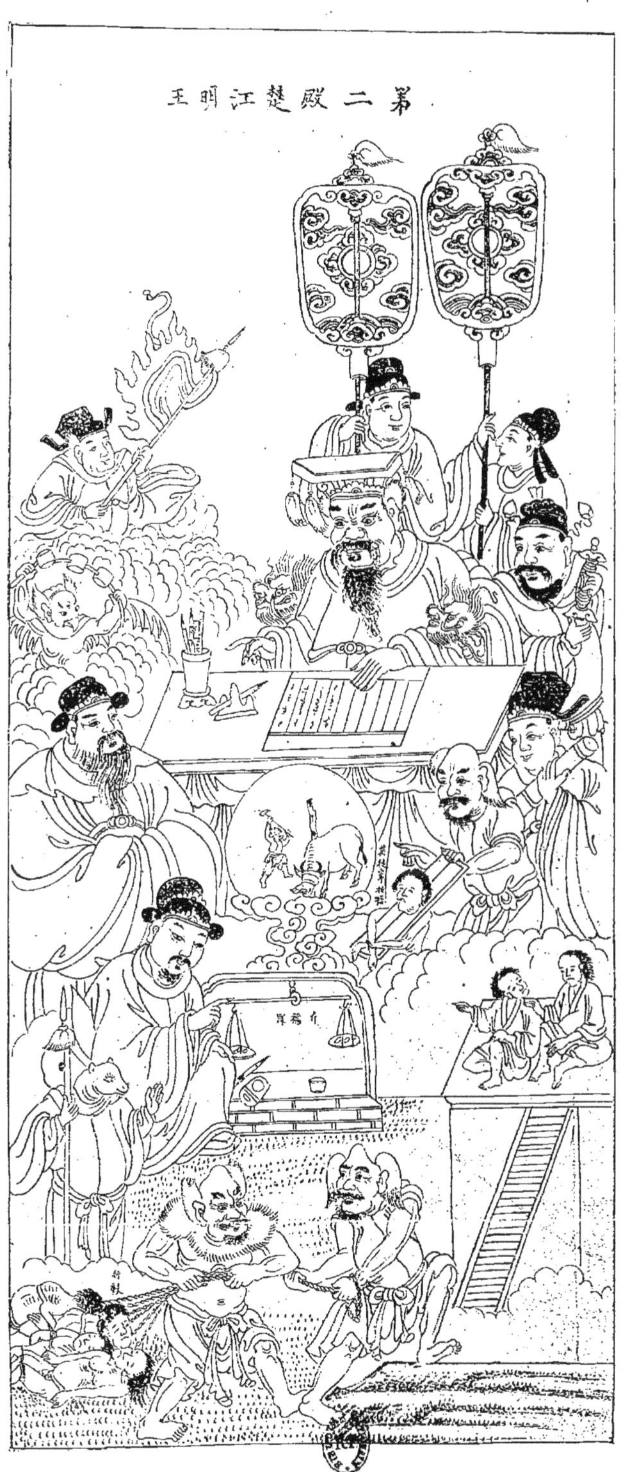


I. — **Le pèsement des Ames**

Tantôt, c'est la *Vision de St Paul* qui se montre sous la forme d'une roue de supplices ou d'un poteau supportant des grappes d'hommes et de femmes pendus, comme à l'arbre des damnés; tantôt, c'est le gril des *Trois Irlandais*, où sont couchés des damnés, que des démons arrosent de plomb fondu.

A l'église de Bénouville (Eure), la figuration de l'Enfer dut faire l'objet d'une vaste composition, d'un art assez naïf, où l'on peut distinguer encore, malgré les détériorations, quatre groupes de réprouvés.

Le premier est constitué par des malheureux qu'un diable couleur chocolat descend, à l'aide d'une poulie, dans un puits, qui est, sans doute, le puits de l'abîme de la *Vision de St Paul*.

Le second montre un arbre dépouillé de feuilles et portant des individus au nombre de huit, hommes et femmes, suspendus à chacune de ses branches

Au troisième groupe on voit un gibet auquel sont accrochées trois personnes.

Le quatrième comprend une fosse environnée de flammes où sont plongées une dizaine de personnes, hommes et femmes, clercs et laïques; un dignitaire ecclésiastique portant une mitre blanche brûle au milieu d'eux. Des démons surveillent les damnés.

On voit également une roue qui avait été prise, d'abord, pour une roue de la Fortune et qui fut reconnue comme la roue de la *Vision de St Paul*.

Ces fresques sont en très mauvais état de conservation. Des inscriptions, en partie effacées et qu'il n'a pas été possible de restituer exactement, indiquaient, comme à Sainte-Cécile d'Albi, les fautes qu'on expiait en chaque compartiment. (*Bulletin archéologique du Comité des travaux historiques, 1897*).

L'ensemble le plus considérable de peintures murales que nous possédions est, sans contredit, constitué par les remarquables fresques de la cathédrale Sainte-Cécile d'Albi. Commencées à la fin du XV^e^ siècle par des artistes français, elles furent continuées au cours du XVI^e^ siècle par des Italiens que fit venir l'évêque Louis d'Amboise.

La scène du Jugement dernier, la seule qui nous intéresse ici, est de facture exclusivement française. C'est une vaste composition, aux teintes trop souvent affaiblies ou détruites, formant une page de dix-huit mètres de longueur sur dix mètres de hauteur. Des réfections maladroites, exécutées à la fin du XVIII^e^ siècle, ont amené la destruction de la partie centrale, qui représentait le jugement proprement dit.

Nous laissons, pour la description de ce qui reste, la parole à l'historiographe de Sainte-Cécile, M. Jean Laran :

« La scène peut être divisée en trois zones.

« Dans la zone supérieure, les élus sont assis en rangs pressés, à droite de la composition. A la gauche, explique une inscription sur une banderole, sont les flammes du feu éternel préparé pour les maudits par le diable et ses anges.

« Dans la zone moyenne, à l'appel de deux anges qui sonnent de la trompette, les morts s'avancent dans leur nudité ; à leur cou sont suspendus les livres où est inscrit le bilan de leurs bonnes et mauvaises actions Les personnages de la droite ont la démarche modeste et paisible des hommes dont la conscience est pure ; ceux de la gauche, bousculés et renversés, s'abîment dans l'enfer qui est au-dessous.

« La zone inférieure, *divisée en sept compartiments correspondant aux sept péchés capitaux*, est entièrement consacrée aux supplices infligés aux damnés. Constatons que cette répartition des sept péchés capitaux en sept compartiments distincts rappelle assez exactement les enfers spéciaux des légendes bouddhiques. Une inscription générale avertit l'observateur : « S'en suivent, y est-il dit, les peines des damnés selon les sept « péchés mortels ci-dessus painctes. »

« D'autres légendes placées sous chacun des tableaux nous tiendront lieu d'inscriptions ; nous les reproduisons dans leur texte de l'époque.

« Vient d'abord, à la droite, *la peine des orguilleus et orguilleuses, pendus et attachés sur des roues situées en une montaigne en manière de molins continuellemens en grande impétuosité tornans.*

« En second lieu, est figuré *la peine des envieus et des envieuses... en ung fleuve congelé plongés jusques au nombril, et par dessus les frappe ung vent moult froid, et quand veulent icelluy vent éviter, se plongent dedans la dite glace.*

« Après le châtiment de la colère, de la paresse et de l'avarice, dont tout ou partie sont détruits, vient *la peine des glotons et glotes... en une valée ou ung fleuve a, ort et puant, au rivage duquiels a tables garnies de toualles très ordes et déshonnêtes, où les glotons et les glotes sont repeulz de crapauls et abreuvez de l'eau puante du dit fleuve.*

« Le dernier compartiment est réservé à *la peine des luxurieus et luxurieuses... en une champaigne pleine de puys profons, pleins de feu et de soufre, geclans fumées horribles et puantes, esquiels luxurieus et luxurieuses sont logés pour eschauffer du toust leur puante luxure.* » (*Jean Laran, La Cathédrale d'Albi*).

*
**

Tenons-nous en là de notre enquête ; malgré sa brièveté, elle nous montre que les artistes du XVe siècle, comme leurs prédécesseurs, s'inspiraient, dans l'esprit, sinon toujours dans la lettre étroite, des textes pieux qu'on leur mettait entre les mains et qu'ils demeuraient les interprètes des théologiens.

C'est la conclusion à laquelle nous avait précédemment conduit l'étude de l'art des pagodes, ce qui nous permet d'avancer que *dans les deux pays, la figuration de l'enfer fut sous la dépendance de la doctrine religieuse de l'époque: des Soûtras d'un côté, des livres canoniques et des apocryphes de l'autre.*

Ces textes ont-ils entre eux un rapport, une relation ? C'est le problème intéressant, dont nous allons essayer de dégager la solution en ce qui concerne les sources où puisèrent les auteurs de nos Jugements derniers du XVe siècle seulement, les autres n'ayant que de très vagues ressemblances avec les productions bouddhiques.

Procédons d'abord à la comparaison des textes chrétiens entre eux. M. Mâle, particulièrement qualifié pour se prononcer, reconnaît que, si l'on fait la part inhérente au milieu et à l'imagination de chaque auteur, les *Aventures et Voyages divers des Irlandais* sont, en proportions plus ou moins grandes, inspirés de la *Vision de St Paul*, comme celle-ci procède de l'*Apocalypse de Pierre* dans ses parties essentielles.

D'autre part, si, d'après les seuls extraits que nous avons reproduits ici, nous rapprochons les uns des autres, les *Soûtras*, l'*Apocalypse de Pierre* et la *Vision de St Paul*, que voyons-nous ? Des récits qui semblent coulés dans un moule unique, qui se répètent comme une leçon apprise, avec les variantes inévitables dues à la différence des temps et des milieux. Dans tous, même affabulation naïve, même imagination mystique et tourmentée, mêmes descentes aux Enfers, même complaisance dans l'invention des châtiments, même distinction méthodique des fautes, même groupement des coupables en vue d'une application collective des peines.

Qu'on en juge par ces rapprochements de textes déjà cités :

*Texte bouddhique*

Le Bouddha décrit à ses disciples sa Vision de l'Enfer :

« J'y vois d'abord un homme consumé par les flammes pour avoir brûlé une forêt et tous les êtres qui l'habitaient ; un autre, rongeant une colonne de fer rouge pour avoir enlevé des effets aux membres de sa confrérie ; deux femmes affamées se mordant les genoux pour avoir refusé de la nourriture aux indigents ; un malheureux déchiré par le bec de l'oiseau Garouda pour avoir pris les femmes d'autrui ; une femme adultère dont les chiens mangent les fesses avec des dents de fer ; un monstre horrible avec un ventre immense et une bouche étroite comme le trou d'une aiguille ; c'était un homme puni pour son égoïsme et sa parcimonie dans les dons ; après lui, c'est un géant sur la tête duquel repose une roue chauffée au rouge blanc ; le pus et le sang qui découlent de sa tête forment sa nourriture : c'était un homme qui avait offensé sa mère.

Près de celui-là sont les hommes qui ont vécu sans faire ni bien ni mal ; ils sont constamment piqués au visage par des moustiques et le sang qui coule de leurs blessures tombe à leurs pieds où il est bu par des vers répugnants, etc. »

*Texte de l'Apocalypse de Pierre*

Jésus ayant conduit ses disciples sur une haute montagne, leur montre d'abord le paradis, puis l'enfer ; un des disciples raconte ce qu'il aperçut :

« Je vis un lieu desséché et hideux ; les gens qu'on y châtiait portaient des vêtements sombres. Quelques-uns étaient suspendus par la langue : c'étaient ceux qui avaient blasphémé la vérité de la justice : un feu dévorant les entourait et les torturait. On voyait aussi un grand marais rempli de vase bouillonnante dans laquelle étaient plongés ceux qui avaient perverti la justice : des anges tortionnaires s'acharnaient sur eux. Des femmes aussi étaient suspendues au dessus de cette fange : c'étaient celles qui s'étaient parées pour l'adultère et leurs complices étaient suspendus par les pieds, la tête plongeant dans la boue. Après ce lieu, j'en vis un autre dans lequel un pus infect découlait du corps des suppliciés et formait comme un marais. Il s'y trouvait des femmes ayant du pus jusqu'au cou et en face d'elles un grand nombre d'enfants nés avant terme ; des langues de feu s'échappaient de ces enfants et frappaient le visage des femmes ; c'étaient celles qui s'étaient fait avorter, etc. »

Le hasard, à qui l'on peut devoir une coïncidence isolée, ne crée point, à l'ordinaire, une pareille série de concordances et nous estimons que l'hypothèse polygéniste doit ici céder le pas à l'hypothèse de relation, de filiation.

Mais, nous dira-t-on, comment ces textes si éloignés les uns des autres, que séparaient des milliers de lieues et des centaines de siècles ont-ils pu se rencontrer? Où et comment les deux religions se sont-elles affrontées?

C'est ce que nous allons rechercher.

Ainsi que le catholicisme, le bouddhisme fut une religion de propagande. Lorsque Jésus disait à ses disciples : « Allez et enseignez les nations », le Bouddha disait aux siens : « Mettez-vous en route, ô disciples et marchez pour le salut de beaucoup, pour le bonheur de beaucoup, pour le salut et le bonheur des hommes. » (*Oldenberg, Le Bouddha*).

Et les intentions du Bouddha furent suivies. Des missions s'organisèrent, qui se répandirent dans toutes les directions; au ve siècle avant notre ère, nous en rencontrons en Perse, d'où, après une étroite alliance avec le mazdéisme, elles rayonnent sur les régions voisines du Tigre et de l'Euphrate.

En l'année 256, le roi indien Açoka envoie deux nouvelles missions à la conquête de l'ouest : l'une, chez Antiochus, roi de Syrie; l'autre, à la Cour des Ptolémées d'Egypte. Toutes deux se livrent à la propagande, à la prédication, pratiquant avec habileté une politique de transaction sur les doctrines, de concession sur les principes qui les fait accueillir sans défiance et leur permet de s'insinuer sans bruit dans les habitudes religieuses des populations où elles s'installent.

En Galilée, la mission de Syrie rencontre un terrain déjà quelque peu préparé à la recevoir par les soixante-dix années de la captivité de Babylone, qui avaient mis les Juifs au contact des peuples travaillés par les missions venues de la Perse. D'autre part, il existait là une secte quasi-monacale, celle des Esséniens, sur qui la morale du Bouddha semble avoir exercé une influence marquée, dont bénéficia la doctrine tout entière. Or, ces Esséniens passent pour avoir été des premiers à embrasser le christianisme, pour lui avoir fourni nombre de disciples de la première heure, et des disciples qui, vraisemblablement, ne rompirent point complètement, du fait même de leur conversion, avec tout leur passé, et cela d'autant moins que la morale bouddhiste n'avait rien d'agressif à l'endroit de la religion nouvelle.

La mission d'Egypte fut encore plus favorisée. Depuis l'expédition d'Alexandre aux Indes, un courant d'échanges commerciaux s'était établi entre Alexandrie et l'Extrême-Orient, qui allait grandissant avec la pacification générale. Des Grecs d'Asie-Mineure ou d'Egypte — ils étaient alors très-nombreux de la Syrie aux rives du Nil — géraient des comptoirs aux bouches de l'Indus et du Gange, pendant que des Indous s'installaient à Alexandrie et y vivaient selon leurs croyances et leurs rites. En outre, dans cette grande cité de passage qu'était la capitale des Ptolémées, on avait créé au *Musée* un centre d'études où toutes les religions connues étaient enseignées avec l'indépendance scientifique la plus grande pour les maîtres et pour les élèves. Il arrivait aussi que, parmi les Grecs vivant dans les comptoirs des Indes, d'aucuns embrassaient le Bouddhisme, qu'ils propageaient plus tard dans leur entourage quand ils revenaient dans leur patrie.

Et pour ces raisons multiples, il se produisait tout le long de la côte méditerranéenne, frontière de deux mondes, si vivante intellectuellement alors, si ouverte à toutes les suggestions, une infiltration lente, mais continue, de la morale et des légendes bouddhiques, qui agissaient, à la fois, et pour des motifs divers, sur les imaginations populaires et dans les milieux cultivés.

De son côté, le christianisme s'était fait une place, comme les autres religions, en ce grand *emporium* des idées d'Alexandrie et, par suite, il s'était, une fois de plus, heurté au bouddhisme.

Ainsi qu'en Galilée, il y avait rencontré la secte des Esséniens, sous la forme d'une filiale dont les membres portaient le nom de Thérapeutes et aimaient à se dire les Esséniens d'Egypte. Et, comme leurs aînés, les Thérapeutes comptèrent, au dire de St Jérôme et de St Eusèbe, évêque de Césarée de Cappadoce, parmi les premiers adeptes que recruta l'Eglise d'Alexandrie. Ils s'y distinguèrent de bonne heure par leur activité intellectuelle, par la place qu'ils occupèrent dans les controverses religieuses et les travaux d'exégèse dont Alexandrie fut le centre pendant un temps. Eusèbe nous dit même que « leurs écrits furent utilisés dans la rédaction des Evangiles ainsi que dans celle des Epîtres de St Paul. »

Convient-il bien, après cela, de s'étonner que quelques principes moraux, quelques légendes bouddhiques aient passé, comme il semble, dans le christianisme naissant?

En résumé, sur la côte méditerranéenne orientale, qui fut son berceau, le christianisme s'est partout rencontré avec le bouddhisme, qui l'y avait precédé. En Palestine, l'action bouddhique semble avoir été quelque peu effacée ; mais il n'en dut pas être ainsi à Alexandrie, dans ce carrefour des races et des religions, dans ce monde fiévreux de la fin du Ier siècle surtout, où philosophes, thaumaturges et apôtres s'agitent dans la mêlée des doctrines et des systèmes.

Ce n'est, sans doute, pas impunément que le christianisme s'est, en partie, codifié dans cette fournaise ardente, véritable bouillon de culture des hérésies qu'il eut si vite à combattre ; car, si l'on peut, à la rigueur, discuter un syncrétisme religieux, on ne saurait, avec la même force, nier l'influence de l'ambiance, qui s'exerce à l'endroit des religions révélées tout aussi bien que des autres.

Autour des centres de formation ou d'enseignement de toutes les religions, il flotte, il traîne, dirions nous plutôt, une atmosphère de légendes, d'histoires miraculeuses, de faits apocryphes où la réceptivité est éminente pour tout ce qui a trait au merveilleux. Il faut donc considérer comme choses naturelles, inévitables, les interpénétrations, les échanges mutuels qui s'opèrent d'une doctrine à une autre.

Nous inclinerions même à croire que, dans le cas qui nous occupe, tout ne s'est pas borné à une endosmose inconsciente, physiologique, en quelque sorte, mais qu'il s'est produit des contacts voulus, délibérés. Nous ne serions nullement étonné que, parmi les nouveaux convertis, parmi ces Thérapeutes dont nous parle Eusèbe, déjà touchés par le bouddhisme, il se fut trouvé quelques intelligences, à la fois combatives et curieuses, pour utiliser l'enseignement du « *Musée* » et s'instruire plus complètement en la doctrine du Bouddha. Quand on vit au contact d'un adversaire, n'est-il pas de bonne tactique de chercher à le mieux connaître ? Nos missionnaires d'Indo-Chine sont tous des familiers du bouddhisme !

Et alors, il se pourrait que ce fût un de ces hommes qui, sous la suggestion des circonstances, ait eu la pensée d'introduire dans la légende chrétienne, en le plaçant sous le vocable de St Pierre, un récit imité des *Soûtras* du Bouddha sur l'enfer.

On nous objectera, peut-être, que l'utilité d'une telle introduction semble bien invraisemblable. Beaucoup moins qu'il n'apparait et, pour s'en convaincre, il suffit de se souvenir de la composition de l'Eglise en cette partie de la chrétienté.

D'où lui viennent ses fidèles ? Particulièrement des Grecs et des nombreux Juifs grécisés émigrés de Judée. Nous en voyons la preuve dans l'obligation où l'on se trouva de bonne heure de traduire en grec les textes hébreux et syriaques.

Or, tous ces Grecs, par culture ou tradition, étaient imprégnés des enfers d'Homère et, partant, de l'idée du châtiment des fautes ; mais, d'un châtiment rigoureux, compris par tous, visible à tous, comme une roue d'Ixion ou un Prométhée sur son roc.

Et c'est à ces néo-chrétiens que l'Eglise n'avait à opposer que l'Enfer de l'apocalypse de Jean, c'est-à-dire « l'étang brûlant de feu et de soufre, partage des timides et des incrédules, des exécrables et des homicides, des fornicateurs, des empoisonneurs, idolâtres et menteurs, » dont il est parlé au chapitre XXI.

Ne pût-on point craindre un jour — peut-être même devant des symptômes naissants — que cette formule, un peu vague au regard des précisions terribles du mythe grec, n'affaiblit en des âmes habituées aux sanctions violentes la peur du châtiment céleste et, avec elle, la foi, dont elle est, souvent, le principal soutien chez les simples ?

L'hypothèse n'a rien que d'acceptable, qui hanta tout le Moyen âge et finit par triompher au commencement du xve siècle.

Et alors, on dut s'inquiéter de trouver un texte fournissant le remède au mal qu'on redoutait. Mais, à quelle porte frapper ? On ne pouvait pas revenir au paganisme grec, puisqu'on lui disputait ses fidèles ; il restait le bouddhisme avec lequel on vivait en paix et dont l'arsenal de répression n'avait rien à envier aux sanctions homériques ; un emprunt était facile, qu'on transposerait pour l'adapter à la religion nouvelle et qu'on dissimulerait sous la forme d'une Apocalypse continuant et complétant celle de Jean.

Et de la sorte, les conceptions bouddhiques sur les supplices ont pu passer dans les apocryphes chrétiens, pour se répercuter dans tout le Moyen âge, comme l'ont fait la pesée des âmes et le pont-épreuve.

Tout cela, dira-t-on, n'est que vues de l'esprit. Evidemment ; mais si l'on rejette notre hypothèse, il n'en restera pas moins ce point d'interrogation toujours posé : d'où provient l'*Apocalypse de Pierre* ?

Nous ne pensons pas qu'on puisse rattacher cette œuvre de coercition implacable à la religion d'amour que fut la religion du Christ à son début ; non plus, qu'on veuille l'imputer à l'entourage immédiat de Celui qui pardonnait à la femme adultère et qui allait à travers la Judée en répétant ces belles paroles : « Aimez-vous les uns les autres. » Non ; par son caractère pénal, qui marque une phase inconnue jusqu'alors dans la primitive Eglise où la foi seule unissait les âmes, cette production évoque des mœurs d'autorité, où la crainte se substitue à l'amour, exhale des senteurs de cet Extrême-Orient, où le premier principe de gouvernement est formulé en cette phrase lapidaire du Code de Gia-Long : « La punition est la gardienne des choses de ce monde. »

M. Emile Mâle ne nous dit-il pas que la *Vision de St Paul*, émanation de l'*Apocalypse de Pierre*, est surtout un recueil des traditions qui se colportaient en Orient ?

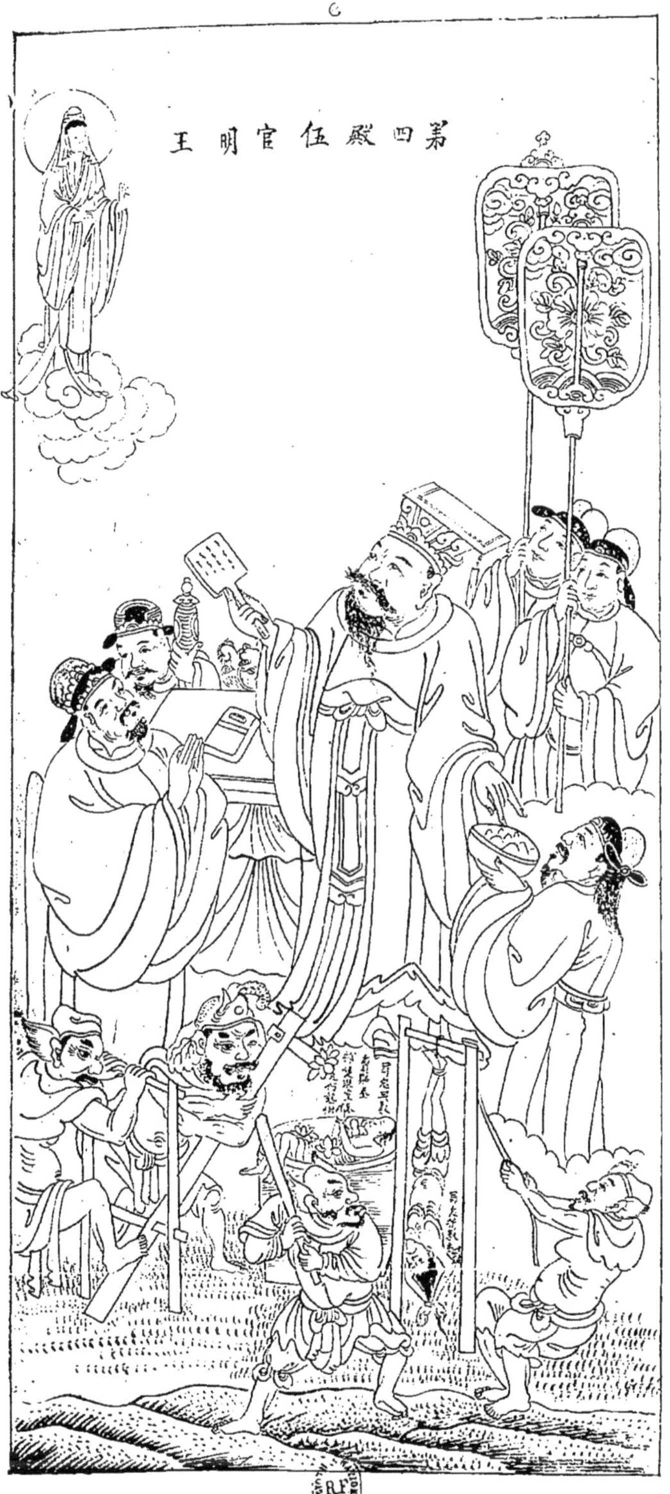


II. — L'Intercession

D'aucuns ont voulu rattacher l'*Apocalypse de Pierre* aux légendes homériques. Nous ne partageons point cette manière de voir, parce que tous les drames de l'Olympe, toutes ces interminables querelles des dieux et des hommes ne se rattachent par aucun côté au caractère rituel des *Soûtras* et des *Apocalypses* ou *Visions*.

Ainsi que le dit un savant commentateur de la *Divine Comédie*, M. Labitte du Collège de France : « L'autre monde chez les anciens est une affaire d'art, une sorte de conte mythologique, qu'on permet aux enfants de chanter et dont chacun se rit dans la pratique... Pour Senèque, il n'y a dans tout cela que de vains mots ; pour Juvénal, ce sont des contes dignes d'enfants qui ne payent pas encore aux bains. »

Il y a bien les enfers de Plutarque qui, par endroits, se rapprochent de nos textes ; mais, outre qu'ils sont à peu près contemporains de l'*Apocalypse de Pierre*, sinon postérieurs en date, ils sont, comme elle, inspirés de l'Orient. D'autre part, l'affabulation en est toute différente ; leur héros, Thespésius le Cilicien, est transporté aux Enfers par une circonstance indépendante de sa volonté et rapporte, à son retour sur la terre, ce qu'il a vu dans son voyage forcé ; ce n'est pas comme dans les *Soûtras* et l'*Apocalypse de Pierre*, un chef de religion allant délibérément à la découverte de l'Enfer et décrivant, aux fins d'enseignement, e perfectionnement moral, les supplices infernaux, conséquence du péché, du manquement aux devoirs religieux : les situations ne sont en rien comparables ; nul lien n'existe entre elles.

D'élimination en élimination, nous ne voyons d'apparentement possible de l'*Apocalypse de Pierre* qu'avec les *Soûtras* bouddhiques. Les analogies de forme et de fond sont manifestes ; le raccordement des religions dont ces textes se réclament, leur prise de contact, ont pu, nous l'avons vu, s'opérer sur le terrain neutre d'Alexandrie, soit automatiquement par simple endosmose, soit volontairement par les enseignements du « Musée ». Donc, tous les obstacles, tous les empêchements prévus du fait de l'éloignement apparent, dans le temps et dans l'espace, du bouddhisme et du catholicisme tombent et l'*Apocalypse de Pierre*, génératrice des Visions médiévales, *peut* — nous ne disons pas : *doit* — être regardée comme une transposition, une adaptation de la légende bouddhique.

La conséquence de cette possibilité, c'est que, tout aussitôt, s'éclaire le problème de plastique religieuse qui nous intriguait si fort il y a trente ans dans la vieille pagode d'Hanoï. A la question que nous nous posions sur la raison des ressemblances que nous constations avec une si vive surprise, nous pouvons aujourd'hui répondre, sinon par une affirmation péremptoire, tout au moins par une hypothèse offrant une base de discussion et cette hypothèse, c'est *la parenté des sources d'inspiration*.

Modeleurs annamites, peintres et sculpteurs médiévaux ont travaillé d'après des textes identiques, qui s'appelaient là-bas les *Soûtras* et chez nous l'*Apocalypse de Pierre* ou la *Vision de St Paul* qui en découle.

Et, malgré les différences de race et de tempérament des artistes des deux pays, cette identité dans les sources s'est traduite, dans la composition, par un air de famille, qui a survécu à travers les âges et les procédés de métier, et qui s'impose au voyageur le moins averti.

On ne peut, certes, pas dire que les auteurs se sont copiés les uns les autres ; ils s'ignoraient mutuellement ; ils se sont rencontrés, rien de plus.

Toutefois, les textes médiévaux procédant, pour partie, des textes annamites, on est, en somme, autorisé à tirer cette conclusion que *nos Enfers du* XV^e^ *siècle dérivent, pour une part également, de la conception bouddhique, des Enfers des pagodes.*

Un exemple analogue de ressemblance à longues distances de temps et de lieux était signalé, il y a quelques années, par M. Foucher, le Directeur de l'Ecole Française d'Extrême-Orient. Il s'agit d'un couple de dieux Gaulois, *Sucellus*, le dieu au maillet, et sa parèdre *Nantosvelta*.

M. Foucher les a rencontrés dans l'Inde, sous des noms différents, mais exactement avec les attributs, les physionomies, les attitudes sous lesquels nous les connaissons. Et la raison en est simple. L'art de l'Inde, après l'expédition d'Alexandre, emprunta sa technique à la Grèce ; l'art gallo-romain procède du gréco-romain ; les artistes hindous et gaulois ont copié un même modèle plastique, comme les imagiers français et annamites ont développé un thème commun, — et les œuvres s'en ressentent.

*
**

Nous en avons fini avec cette question de la figuration des Enfers, qui eût mérité beaucoup mieux que l'imparfaite esquisse que nous venons de brosser. Il nous reste à formuler le souhait qu'il se rencontre un savant chercheur que le sujet intéresse et qui le traite avec toute l'ampleur qu'il comporte. Et si nos conclusions en sont bouleversées, nous nous en consolons d'avance en répétant le vieil adage classique :

*Amicus Plato, sed magis amica veritas !*

Nimes. — Imprimerie Générale, rue de la Madeleine, 21.

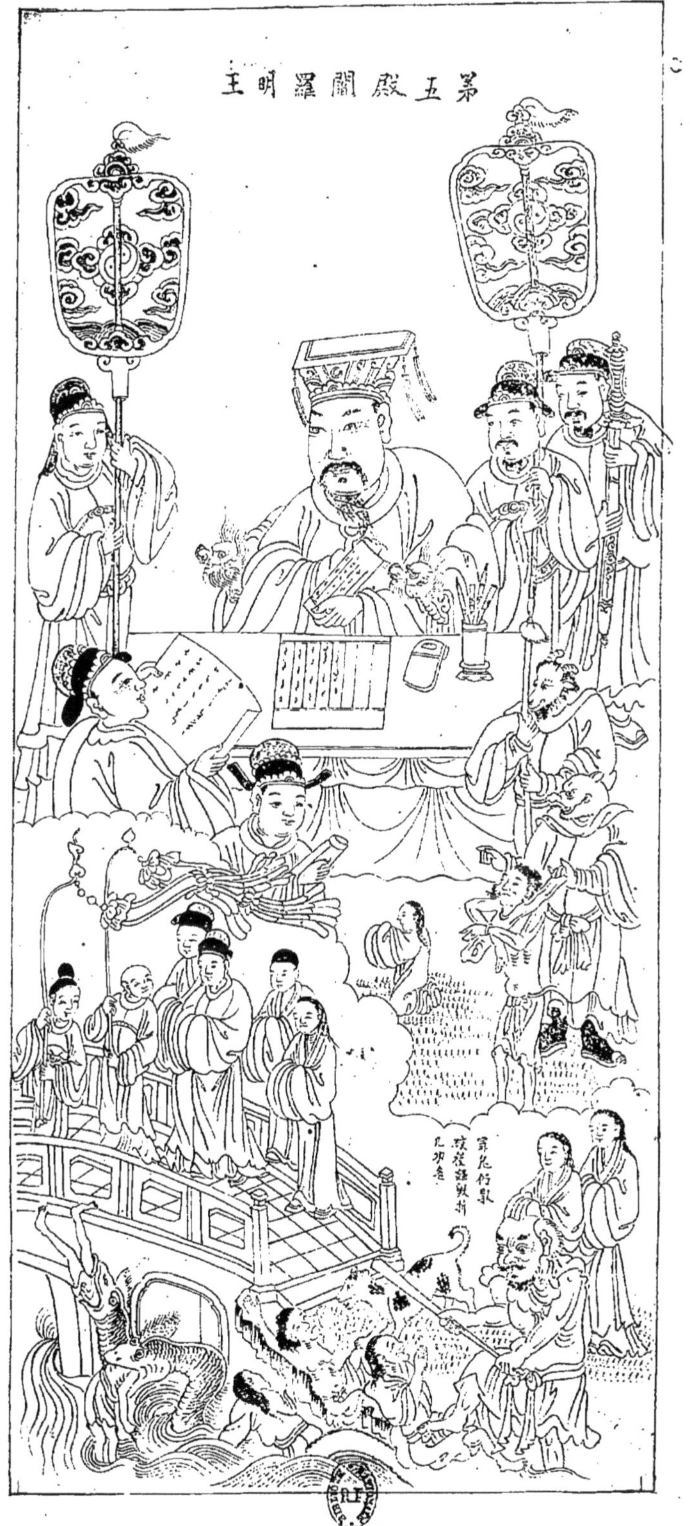


III. — **Le Pont-Épreuve**

www.ingramcontent.com/pod-product-compliance
Ingram Content Group UK Ltd.
Pitfield, Milton Keynes, MK11 3LW, UK
UKHW022144170726
13837UKWH00004B/1761